CLV

William MacDonald

Zerbrich mich, Herr!

clv
Christliche
Literatur-Verbreitung e.V.
Postfach 110135 · 33661 Bielefeld

1. Auflage 1986
2. Auflage 1988
3. Auflage 1992
4. Auflage 1996
5. Auflage 2001

Originaltitel: Lord, break me!

Postfach 110135 · 33661 Bielefeld
Übersetzung: Sylvia Gaß
Umschlag: Eberhard Platte
Satz: CLV
Druck und Bindung: Ebner Ulm

ISBN 3-89397-112-2

Inhalt

Vorwort

Dreißig Jahre, nachdem Andrew Murray »Bleibe in Jesus« geschrieben hatte, sagte er einmal:

> *Sie sollen wissen, dass ein Prediger oder ein christlicher Autor oft so geführt werden kann, mehr zu sagen, als er selbst nachvollzogen hat. Damals, als ich »Bleibe in Jesus« schrieb, hatte ich nicht alles erfahren, wovon ich geschrieben habe. Und ich kann nicht sagen, dass ich jetzt alles völlig nach vollzogen habe.*

Es war dieselbe Geisteshaltung, aus der heraus der Apostel Paulus folgende Worte schrieb:

> *Nicht dass ich es schon ergriffen habe oder schon vollendet sei; ich jage ihm aber nach, ob ich es auch ergreifen möge, indem ich auch von Christus ergriffen bin.*

Philipper 3,12

Dasselbe Empfinden habe ich im Hinblick auf den folgenden Artikel, »Zerbrich mich, Herr!«. Der Herr hat es mir aufs Herz gelegt, diesen Artikel zu schreiben. Die Wahrheit ist zu erhaben und zu dringlich, als dass ich sie zurückhalten dürfte, nur weil ich selbst sie nicht bis ins Letzte nachvollzogen habe.

Wie sehr ich auch versagt haben mag, ist es doch mein Herzensanliegen, was ich hier niedergeschrieben habe.

Zerbrochenes ist wertvoll in Gottes Augen

Wenn etwas zerbrochen ist, verliert es im Allgemeinen entweder ganz oder teilweise seinen Wert. Zerbrochenes Geschirr, zerbrochene Flaschen und zerbrochene Spiegel werden meist weggeworfen. Schon ein Kratzer an einem Möbelstück oder ein Riss im Stoff mindert dessen Verkaufswert ganz erheblich.

Im geistlichen Bereich verhält es sich ganz anders. Zerbrochenes hat in Gottes Augen einen besonderen Wert - insbesondere zerbrochene Menschen. Darum lesen wir auch solche Verse wie:

> *Nahe ist der Herr denen, die zerbrochenen Herzens sind, und die zerschlagenen Geistes sind, rettet er.*
>
> Psalm 34,18

> *Die Opfer Gottes sind ein zerbrochener Geist; ein zerbrochenes und zerschlagenes Herz wirst du, o Gott, nicht verachten.*
>
> Psalm 51,17

Gott weiß den Stolzen und Überheblichen zu widerstehen, aber einem demütigen und zerschlagenen Menschen kann er nicht widerstehen.

»Gott widersteht den Hochmütigen, den Demütigen aber gibt er Gnade« (Jak. 4,6). Etwas in unserer Zerbrochenheit appelliert an Sein Mitleid und Seine Macht.

Und so ist es ein Teil Seines wunderbaren Planes für unser Leben, dass wir zerbrochen werden sollen – zerbrochen an Herz, zerbrochen im Geist und selbst zerbrochen an unserem Leib (2. Kor. 4,6-18).

Bekehrung – eine Form der Zerbrochenheit

In diesen Prozess des Zerbrochenwerdens werden wir schon vor unserer Bekehrung hineingestellt, wenn der Heilige Geist beginnt, uns von der Sünde zu überführen. Er muss uns an den Punkt bringen, wo wir bereit sind zuzugeben, dass wir verloren und unwürdig sind und nur die Hölle verdienen. Wir kämpfen bei jedem Schritt auf diesem Weg. Doch Er ringt mit uns solange weiter, bis unser Stolz gebrochen, unser Prahlen verstummt und jeglicher Widerstand aufgegeben ist. Dann liegen wir unter dem Kreuz und bringen nur noch heraus: »Ach, Herr Jesus, rette mich doch!« Der Widerspenstige ist nun gezähmt, der Sünder ist überwunden, das junge Pferd ist zugeritten.

Von Natur aus ist das junge Pferd ein wildes, unfügsames Geschöpf. Sobald es das Zaumzeug oder den Sattel spürt, bäumt es sich sofort auf, es geht durch, buckelt und schlägt aus. Es kann ein wunderschönes, gutgebautes Tier sein, aber solange es noch nicht gebändigt ist, bleibt es für die Arbeit wertlos. Aber dann beginnt der lange und schmerzvolle Prozess, den Willen des jungen Pferdes zu bändigen, so dass es sich schließlich das Geschirr anlegen lässt. Wurde sein Wille erst einmal von einem höheren Willen überwunden, dann entdeckt das Tier den wahren Grund für sein Dasein.

In diesem Zusammenhang sollten wir uns daran erinnern, dass der Herr Jesus in Nazareth Zimmermann war und wohl auch Holzjoche angefertigt hat.

Jemand hat einmal trefflich bemerkt, dass – falls über Seiner Ladentür ein Schild hing – dieses wahrscheinlich die Aufschrift getragen hätte: »Meine sind Maßarbeit.« Wichtig für uns ist, dass unser göttlicher Herr noch immer ein Jochmacher ist. Er sagt:

> *Nehmet auf euch mein Joch und lernet von mir, denn ich bin sanftmütig und von Herzen demütig, und ihr werdet Ruhe finden für eure Seelen; denn mein Joch ist sanft, und meine Last ist leicht.*
>
> Matthäus 11,29.30

Ein Joch ist aber nur etwas für den, der zerbrochen und gefügig gemacht worden ist. Unser Wille muss erst unterworfen und gefügig gemacht werden, bevor wir von Ihm lernen können. Er war sanftmütig und von Herzen demütig. Wir müssen so werden wie Er, denn nur so werden wir Ruhe finden für unsere Seelen.

Was zum Zerbrochensein gehört

Was bedeutet wahre Zerbrochenheit? Wie äußert sie sich im Leben eines Gläubigen? Welches sind ihre Wesensmerkmale?

Umkehr, Schuldbekenntnis, Bitte um Vergebung

Vielleicht fällt uns hierzu als Erstes die Bereitschaft ein, Sünde vor Gott und vor den Menschen, denen wir Unrecht getan haben, zu bekennen. Der zerbrochene Mensch ist schnell zur Umkehr bereit. Er versucht nicht, die Sünde unter den Teppich zu kehren. Er versucht nicht, sie mit der Entschuldigung »Zeit heilt alle Wunden« zu vergessen. Er begibt sich unverzüglich in die Gegenwart Gottes und ruft aus: »Ich habe gesündigt.« Dann geht er zu demjenigen, den er durch seine Handlungsweise verletzt hat und sagt: »Ich war im Unrecht. Es tut mir leid. Vergib mir bitte!« Einerseits kennt er die tiefe Beschämung, um Vergebung bitten zu müssen, doch erfährt er andererseits auch die große Erleichterung, ein reines Gewissen zu haben und im Licht zu wandeln.

Ein aufrichtiges Schuldbekenntnis geht weder über Sünde hinweg noch verharmlost es sie. Es ist nicht so wie bei jener ungebrochenen älteren Dame, die hochmütig meinte: »Falls ich irgendetwas falsch gemacht habe, bin ich bereit, mir vergeben zu lassen.« Echte Reue sagt: »Ich habe Unrecht getan und bin gekommen, um zu sagen, dass es mir leid tut.«

Sünde und Versagen haben Davids Leben überschattet, aber es war seine tiefe Buße, die ihn zu einem Mann nach dem Herzen Gottes machte. In Psalm 32 und 51 erleben wir seine Vergehen, Sünde und Ungerechtigkeit. Wir sehen, wie er sich zunächst weigert, Buße zu tun; damals war sein Leben ein einziges körperliches, seelisches und geistliches Elend. Alles ging schief. Alles schien aus den Fugen geraten zu sein. Schließlich brach er zusammen. Er bekannte und Gott vergab. Dann brach die Sonne wieder hervor und David konnte wieder singen.

Paulus gibt uns im Neuen Testament ein gutes Beispiel für Zerbrochenheit. Er wurde damals in Jerusalem vor die Hohenpriester und das Synedrium geführt. Als er seine Rede mit der Feststellung einleitete, er habe immer mit gutem Gewissen vor Gott gelebt, da wurde der Hohepriester zornig und befahl, dem Gefangenen auf den Mund zu schlagen. Der Apostel fuhr ihn an: »Gott wird dich schlagen, du getünchte Wand! Und du, sitzest du da, mich nach dem Gesetz zu richten, und, wider das Gesetz handelnd, befiehlst du mich zu schlagen?« (Apg. 23,3).

Die Umstehenden waren über diese scharfe Zurechtweisung schockiert, die Paulus da ausgesprochen hatte. Wusste er nicht, dass er mit dem Hohenpriester sprach? Der Apostel wusste es tatsächlich nicht. Möglicherweise trug Ananias nicht seine offizielle Priesterkleidung, oder er saß nicht auf seinem üblichen Platz. Vielleicht waren auch Paulus schlechte Augen daran Schuld. Wie dem auch sei, jedenfalls hatte er nicht absichtlich die derzeitige Obrigkeit angegriffen. Deshalb entschuldigte er sich sofort mit den Worten aus 2. Mose 22,28: »Die Richter sollst du nicht lästern und einem Fürsten des Volkes sollst du nicht fluchen.« Der Apostel war schnell bereit, sich zu beugen. Seine geistliche Reife zeigte sich darin, dass er gleich bereit war, zu sagen: »Ich war im Unrecht. Es tut mir leid.«

Zurückerstattung

Eng verbunden mit diesem ersten Aspekt von Zerbrochenheit ist eine sofortige Zurückerstattung, wofür sie auch immer gefordert sein mag. Habe ich gestohlen, etwas beschädigt oder verletzt, oder hat ein anderer aufgrund meines Fehlverhaltens einen Verlust erlitten, so genügt es nicht, um Vergebung zu bitten. Die Gerechtigkeit verlangt, dass der Verlust erstattet wird. Dies bezieht sich auf Geschehnisse sowohl vor als auch nach meiner Bekehrung.

Nachdem Zachäus den Herrn Jesus aufgenommen

hatte, fielen ihm einige der krummen Sachen ein, die er als Oberzöllner gedreht hatte. Es war ein gottgegebener Impuls, der ihn sofort dazu anhielt, dieses Unrecht wieder gutzumachen. Deshalb sagte er zum Herrn: »Wenn ich von jemand etwas durch falsche Anklage genommen habe, so erstatte ich es vierfältig« (Luk. 19,8).

Hier drückt das »wenn« keinerlei Zweifel oder Unsicherheit aus. Es bedeutet vielmehr: »Jedesmal, wenn ich jemanden um Etwas betrogen habe, erstatte ich es vierfältig.« Seine feste Entschlossenheit, Erstattung zu bieten, war eine Frucht seiner Bekehrung. Das »vierfältig« war ein Barometer für die Echtheit und Kraft seines neuen Lebens.

Es gibt Fälle, in denen keine Erstattung mehr möglich ist. Vielleicht wurden Aufzeichnungen zerstört oder die genauen Beträge im Laufe der Zeit vergessen. Gott weiß das alles. Alles, was Er will, ist, dass wir unsere Schuld begleichen, wo immer es möglich ist.

Und dies sollte immer im Namen des Herrn Jesus geschehen. Gott wird dadurch nicht verherrlicht, wenn wir nur sagen: »Ich habe gestohlen. Es tut mir leid. Ich möchte es jetzt zurückzahlen.« Diese Handlung sollte immer mit einem Zeugnis für Christus verbunden sein, etwa: »Durch den Glauben an Jesus Christus bin ich vor kurzem Christ geworden. Der Herr hat zu mir wegen einiger Werkzeuge gesprochen, die ich Ihnen vor fünf Jahren gestohlen habe. Ich komme zu Ihnen, weil ich um Verzeihung bitten und die Werkzeuge zurückgeben möchte.« Jede gerechte oder freundliche Handlung eines Christen sollte mit einem Zeugnis für den Erlöser verbunden sein, so dass Er die Ehre erhält und nicht wir.

Vergebungsbereitschaft

Ein dritter Aspekt der Zerbrochenheit ist die Bereitschaft zu vergeben, wenn wir ungerecht behandelt wurden. In vielen Fällen bedarf dies einer ebenso großen Gnade wie die Bitte um Vergebung oder eine Zurückerstattung.

Das Neue Testament gibt uns sogar genaue Anweisungen, wie wir anderen vergeben sollen.

Zunächst sollten wir, wenn uns jemand Unrecht getan hat, diesem Menschen sofort in unserem Herzen vergeben (Eph. 4,32). Wir müssen noch nicht zu ihm gehen und ihm Vergebung zusprechen, aber in unserem Herzen haben wir ihm vergeben.

»In dem Augenblick, wo mir ein Mensch Unrecht tut, muss ich ihm vergeben. Dann ist *meine* Seele frei. Wenn ich ihm das Unrecht vorhalte, sündige ich gegen Gott und gegen ihn und bringe damit meine Vergebung bei Gott in Gefahr. Es ist gleich, ob derjenige jetzt Reue zeigt, Schadenersatz leistet, mich um

Vergebung bittet oder nicht. Ich habe ihm im selben Augenblick vergeben. Er muss sich für das begangene Unrecht vor Gott verantworten, aber das ist seine und Gottes Angelegenheit und nicht meine, außer dass ich ihm im Sinne von Matthäus 18,15 ff. helfen sollte. Aber ob dies nun Erfolg hat oder nicht, und bevor ich da überhaupt etwas unternehme, muss ich ihm vergeben« (Lenski).

Es gibt da eine Vielzahl kleinerer Ungerechtigkeiten, die augenblicklich vergeben und vergessen werden können. Es ist ein echter Sieg, wenn wir dazu in der Lage sind. »Die Liebe … rechnet Böses nicht zu und weidet sich auch nicht an der Schlechtigkeit anderer Leute« (1. Kor. 13,6; J. B. Phillips).

Eine gläubige Frau wurde einmal gefragt: »Erinnern Sie sich nicht mehr an diese gemeine Bemerkung, die jene gehässige Frau zu Ihnen sagte?« Ihre Antwort war: »Nicht nur, dass ich mich nicht mehr daran erinnere; ich erinnere mich noch ganz deutlich daran, wie ich es vergaß.«

Ist die Sünde von einer ernsteren Art und meinen wir, dass es nicht Recht wäre, einfach darüber hinwegzugehen, dann ist der nächste Schritt der, zu demjenigen hinzugehen, der sich an uns versündigt hat und mit ihm darüber zu sprechen (Matth. 18,15). Zeigt er Reue, dann müssen wir ihm vergeben. »Und wenn er siebenmal des Tages an dir sündigt und siebenmal zu dir umkehrt und spricht: Ich bereue es, so sollst du ihm vergeben« (Luk. 17,4). Es ist nur recht und billig, dass wir gewillt sein sollten, unbegrenzt zu vergeben. Schließlich wurde und wird uns ja auch unzählige Male vergeben.

Hüten Sie sich auch davor, das Vergehen dieser Person überall herumzuposaunen (und das tun wir ja gerade meistens). »Überführe ihn zwischen dir und ihm allein« (Matth. 18,15). Wir sollten offensichtlich so vorgehen, dass wir Streitigkeiten nicht herumtragen.

Sobald der Bruder (oder die Schwester), der (oder die) uns verletzt hat, seine Sünde bekennt, sagen wir, dass wir vergeben haben. Wir haben schon im Herzen vergeben, aber nun können wir Vergebung zusprechen.

Aber angenommen, er weigert sich nun, umzukehren. Dann nimm, gemäß Matthäus 18,16, »noch einen oder zwei mit dir, damit aus zweier oder dreier Zeugen Mund jede Sache bestätigt werde«.

Weigert er sich, auf diese zwei oder drei Zeugen zu hören, dann sollte die Angelegenheit vor die örtliche christliche Gemeinde gebracht werden. Der Zweck von alldem ist nicht, Vergeltung zu üben oder zu bestrafen, sondern den in Sünde gefallenen Bruder zurückzugewinnen.

Scheitert auch diese letzte Bemühung, so soll er als

Heide und Zöllner angesehen werden. Anders ausgedrückt, er soll nicht länger wie jemand behandelt werden, der zur örtlichen Versammlung gehört. Da er sich nicht wie ein Christ verhält, begegnen wir ihm auf seiner selbstgewählten Basis. Wir betrachten ihn als einen Ungläubigen. Aber sobald er umkehrt, sprechen wir ihm Vergebung zu und die volle Gemeinschaft ist wiederhergestellt.

Gott hasst Unversöhnlichkeit, die Entschlossenheit, seinen Groll mit ins Grab zu nehmen, die Unwilligkeit, die Vergangenheit ruhen zu lassen. Dies wird im Gleichnis des Schuldknechts eindrücklich herausgestellt (Matth. 18,23-35). Als er selbst nichts hatte, um zu bezahlen, da erließ ihm der König 10 000 Talente. Aber er war nicht bereit, einem Mitknecht ein paar lumpige Denare zu erlassen. Die Lektion ist eindeutig. Da Gott uns vergab, als wir noch bis über den Hals in Schulden steckten, sollten wir auch bereit sein, anderen zu vergeben, die uns Kleinigkeiten schulden.

Unrecht ertragen, ohne Vergeltung zu üben

Aber es gibt noch weitere Aspekte der Zerbrochenheit, wie zum Beispiel die demütige Gesinnung, die dafür leidet, dass sie Gutes tut, und die keine Vergeltung übt. Hierfür ist natürlich unser Herr das beste Beispiel:

(Christus), welcher, gescholten, nicht widerschallt, lei-

dend, nicht drohte, sondern sich (andere Lesart: es) dem übergab, der recht richtet.

1. Petrus 2,23

Wir sind alle zu einem solchen Leben berufen.

Denn dies ist wohlgefällig, wenn jemand um des Gewissens vor Gott willen Beschwerden erträgt, indem er ungerecht leidet. Denn was für ein Ruhm ist es, wenn ihr ausharret, indem ihr sündiget und geschlagen werdet? Wenn ihr aber ausharret, indem ihr Gutes tut und leidet, das ist wohlgefällig bei Gott.

1. Petrus 2,19.20

In seinem Buch »From Grace to Glory« erinnert uns Murdoch Campbell daran, dass John Wesley eine Frau hatte, die ihm das Leben zur Hölle machte. Doch der Begründer des Methodismus äußerte ihr gegenüber nie ein scharfes Wort.

Campbell berichtet auch von einem gottesfürchtigen Prediger, der mit einer ähnlichen Frau verheiratet war. Eines Tages saß er in seinem Zimmer und las die Bibel. Die Tür ging auf und seine Frau kam herein. Sie riss ihm das Buch aus der Hand und warf es ins Feuer. Er schaute ihr ins Gesicht und bemerkte ganz ruhig: »Ich habe nie an einem wärmeren Feuer gesessen.« Diese Antwort ließ sie ihren Zorn vergessen und war der Beginn eines neuen Lebens in der Gnade. Seine Isebel wurde zu einer Lydia. Der Dorn verwandelte sich in eine Lilie.

Ein großer Heiliger sagte einmal:

> *Es ist das Zeichen tiefster und echtester Demut, wenn wir uns grundlos verurteilen lassen und uns stillschweigend darunter beugen. Beleidigungen und Unrecht stillschweigend hinzunehmen ist eine sehr edle Nachahmung unseres Herrn. Oh, mein Herr, wenn ich daran denke, auf wie vielerlei Art Du gelitten hast, der es in keiner Weise verdient hatte, dann kann ich nicht verstehen, wie ich so schnell bereit sein kann, mich zu verteidigen und zu entschuldigen. Kann ich da noch wünschen, dass jedermann gut von mir spricht oder denkt, wo man doch von Dir so viel Schlechtes gedacht und Dir nachgesagt hat?*

(Living Patiently, J. Allen Blair, S. 354,4.ff)

Böses mit Gutem vergelten

Ein weiterer Schritt nach vorne in der Zerbrochenheit zeigt sich darin, dass wir Unrecht nicht nur geduldig ertragen, sondern jedes Unrecht mit Freundlichkeit vergelten.

> *Vergeltet niemand Böses mit Bösem; seid vorsorglich für das, was ehrbar ist vor allen Menschen, … wenn nun deinen Feind hungert, so speise ihn; wenn ihn dürstet, so tränke ihn; denn wenn du dieses tust, wirst*

du feurige Kohlen auf sein Haupt sammeln. Lass dich nicht von dem Bösen überwinden, sondern überwinde das Böse mit dem Guten.

Römer 12,17.20.21

Das erinnert mich immer an jenen Elefanten in Indien, der von seinem Besitzer eine Straße entlang getrieben wurde. Dieser Mann hatte einen spitzen Treibstock aus Stahl, mit dem er das schwerfällige Tier in Bewegung hielt. Da glitt ihm der Stock aus der Hand und fiel scheppernd zu Boden. Der geduldige Elefant wandte sich um, hob den Treibstock mit seinem Rüssel auf und hielt ihn seinem Herrn hin. Wenn Elefanten Christen sein könnten, dann war dieser Elefant ganz bestimmt einer.

Den anderen höher achten als sich selbst

Zerbrochenheit lässt sich auch daran erkennen, dass der andere höher geachtet wird als man selbst.

Ein Ereignis aus dem Leben Abrahams veranschaulicht uns das gut (1. Mose 13,1-13). Er und Lot waren mit ihren Familien und ihrer Habe von Ägypten hinauf bis zum Negeb und dann bis nach Bethel gezogen. Beide Männer hatten sehr große Herden, und bald entwickelte sich zwischen ihren Hirten ein Streit um das Weideland. Doch genau zu diesem Zeitpunkt griff Abraham ein und sagte: »Sieh mal, Lot, wir wollen uns doch wegen so ein paar Ballen Heu nicht zerstreiten. Jetzt nimmst du das Weideland, das dir am besten zusagt, und ich bringe meine Tiere dann an einen anderen Ort.« Lot wählte dann das üppige Weideland im Jordantal, das so verhängnisvoll nah bei Sodom lag. Der großzügige Abraham zog tiefer ins Innere Kanaans. Und so gab uns ein Heiliger des alten Bundes eine praktische Vorführung dessen, was Paulus meinte, als er schrieb:

In der Bruderliebe seid herzlich gegeneinander, in Ehrerbietung einer dem anderen vorangehend.

Römer 12,10

Sofortiger Gehorsam

Aber das ist noch nicht alles. Gott möchte, dass wir als Zerbrochene Seinen Willen annehmen und ihm gehorchen. Der Psalmist drückt das in treffender Kürze so aus:

Seid nicht wie ein Ross, wie ein Maultier, das keinen Verstand hat; mit Zaum und Zügel, ihrem Geschirr, musst du sie bändigen, sonst nahen sie dir nicht.

Psalm 32,9

Ein feuriges Pferd neigt dazu durchzugehen, während ein Maultier Dickköpfigkeit und Halsstarrigkeit symbolisiert. Diese beiden gefährlichen Tendenzen gibt es auch in Verbindung mit dem Willen Gottes. Man kann vorwärts gehen, ohne dabei eine klare Weisung zu haben, darauf losstürmen, ohne überhaupt geschickt worden zu sein. Andererseits ist es jedoch auch möglich, sich der klaren Führung des Herrn bewusst zu widersetzen.

Wie zum Beispiel Jona: Es war gar keine Frage, was Gott von ihm wollte. Er hatte den Auftrag, nach Ninive zu gehen und dort zur Umkehr aufzurufen. Doch er war noch nicht zerbrochen. Deshalb ging er auch an Bord eines Schiffes, das genau in die entgegengesetzte Richtung fuhr. Erst nach seinem alptraumhaften Erlebnis im Bauch des Walfisches war sein Wille gebrochen und er bereit, Gehorsam zu leisten. Dann ging er weiter und machte dabei die Erfahrung, dass Gottes Wille doch gut und wohlgefällig und vollkommen ist (Röm. 12,2).

Ein überraschendes Bild der Zerbrochenheit sehen wir in dem Eselsfüllen, dass Jesus bei seinem Einzug in Jerusalem ritt (Luk. 19,29-35). Niemals zuvor hatte jemand auf diesem Tier gesessen, und man hätte erwarten können, dass es sich heftig gegen jeden Versuch, es zu besteigen, wehren würde. Doch als der Erlöser sich ihm nahte, da erlebte es das Wunder einer sofortigen Zerbrochenheit. Der Wille dieses Füllens ordnete sich dem Willen seines Schöpfers völlig unter.

Vielleicht ist es ja ein Vermischen von Metaphern, wenn man in die Thematik der Zerbrochenheit den

Ton mit hineinbringt, aber gerade der Ton in der Hand des Töpfers stellt sehr gut dar, was ein zerbrochener Mensch in des Herrn Händen ist – er lässt sich formen und gibt jedem Druck Seiner Finger sofort nach. Und so ist das tägliche Gebet eines ergebenen Gläubigen:

Nimm du mich ganz hin, o Gottessohn.
Du bist der Töpfer, ich bin der Ton.
Mach aus mir etwas nach deinem Sinn,
während ich harre, nimm mich ganz hin.

Nimm du mich ganz hin, o Gottessohn,
prüfe, erforsch mich am Gnadenthron.
Weißer denn Schnee, Herr, wasche mich rein,
dass ich dein Eigen immer mag sein.

Nimm du mich ganz hin, o Gottessohn.
Mit deinem Geiste jetzt in mir wohn.
Sei mir im Herzen König allein,
Lass alle sehen, dass ich ganz dein.

Die öffentliche Meinung zählt nicht für uns

Es gibt noch viele andere Aspekte der Zerbrochenheit. So müssen wir zum Beispiel an den Punkt gebracht werden, wo wir dem Beifall oder der Missbilligung der Welt gestorben sind.

Nachdem W. P. Nicholson zum Glauben gekommen war, betreute ihn ein Offizier der Heilsarmee. Dieser meinte eines Tages zu ihm: »Wenn es dir mit Gott Ernst ist, dann trage mal ein paar Stunden lang dieses Schild im Stadtzentrum herum.« Auf dem Schild stand: *Ich gebe nichts auf die öffentliche Meinung*. Dieses Erlebnis hatte eine tiefgreifende Wirkung auf das gesamte Leben Nicholsons und seinen furchtlosen Dienst für Christus.

Die Sünden anderer als die eigenen bekennen

Wir müssen so weit zerbrochen sein, dass wir die Sünden des Volkes Gottes als die eigenen bekennen. Daniel hat genau das getan (Dan. 9,3-19). Die meisten Sünden, die er dort aufzählte, hatte er selbst gar nicht begangen. Aber er identifizierte sich so eng mit dem Volk Israel, dass dessen Sünden zu seinen eigenen wurden. Darin erinnert er uns natürlich an den Einen, der »unsere Sünde getragen und unsere Schmerzen auf sich geladen hat«. Wir sollten daraus lernen, anstatt andere Gläubige mit erhobenem Zeigefinger anzuklagen, ihre Sünden so zu bekennen, als seien es unsere eigenen.

Ruhig bleiben in der Krise

Ein letzter Aspekt der Zerbrochenheit zeigt uns, dass wir in den Krisen unseres Lebens Ausgeglichenheit und Gleichmut bewahren dürfen.

Tritt eine unvermeidliche Verzögerung ein, so ist die natürliche Reaktion darauf Aufregung und Ärger.

Unterbrechungen unserer gleichmäßigen Routine rufen oft Verärgerungen und Reizbarkeit hervor. Wie leicht können uns defekte Maschinen oder unvorhergesehene Zwischenfälle aus der Fassung bringen und sogar zu Zornausbrüchen reizen. Änderungen im festgesetzten Programm und Enttäuschungen bringen die übelste Seite unseres Wesens ans Licht. Die Raserei, Aufregung, Verärgerung und Hysterie, die dadurch wachgerüttelt werden, verderben das christliche Zeugnis, um es einmal gelinde auszudrücken.

Zerbrochenheit zeigt sich darin, dass wir in dem Wissen, dass Gott alle Umstände unseres Lebens im Hinblick auf Seinen Heilsplan überwacht und lenkt, in diesen Krisen die Ruhe bewahren. Die Reifenpanne kann Glück im Unglück sein, weil sie uns vor einem Unfall weiter unten auf der Schnellstraße bewahrt. Der unverhoffte Besucher, der unseren Dienst für den Herrn unterbricht, kann sogar einen noch wichtigeren Dienst darstellen als das, was wir gerade tun. Selbst der Unfall mit all den Schmerzen, Unannehmlichkeiten und Kosten kann uns gerade mit Menschen zusammenbringen, die vom Heiligen Geist darauf vorbereitet wurden, die Frohe Botschaft aufzunehmen.

In all diesen Situationen möchte der Herr, dass wir darauf sofort mit Gelassenheit anstatt mit Ungeduld, und mit Zerbrochenheit anstatt mit Auflehnung reagieren. Dies waren nun einige Beispiele zur Verdeutlichung dessen, was Zerbrochenheit bedeutet. Die Aufzählung ist aufschlussreich, aber gewiss nicht vollständig. Wenn wir in Gemeinschaft mit dem Herrn wandeln, wird Er uns Bereiche in unserem persönlichen Leben zeigen, wo wir unterm Kreuz zerbrochen werden müssen. Und Er wird bei jeder derartigen Offenbarung auch die benötigte Gnade darreichen.

Denn Gott ist es, der in euch wirkt sowohl das Wollen als auch das Wirken, nach seinem Wohlgefallen.

Philipper 2,13

Was Zerbrochenheit nicht bedeutet

Nachdem wir nun einige Aspekte der Zerbrochenheit betrachtet haben, sollten wir kurz erläutern, was mit diesem Wort nicht gemeint ist.

Es bedeutet nicht, dass wir weiche Menschen ohne Rückgrat werden sollten. Es bedeutet auch nicht, dass wir kraftlose Nullen werden sollen, die wenig Einfluss auf ihre Umgebung ausüben. Vielmehr ist das Gegenteil der Fall. Zerbrochenheit ist eins der schönsten Elemente eines starken Charakters. Es bedarf ja keinerlei Disziplin, um ungebrochen zu sein. Aber welche Selbstzucht ist doch erforderlich, um Christus ähnlich zu sein, wenn unsere ganze Natur sich dagegen aufbäumt!

Zerbrochene Menschen haben den überzeugendsten Charakter. Durch die unwiderstehliche Kraft eines göttlichen Beispiels beeinflussen sie in der Stille. Es ist paradox, aber so steht es geschrieben: »Deine Herabneigung (wörtl. Demut) machte mich groß« (Ps. 18,35).

Sie sind auch des Zorns fähig, wenn es die Lage erfordert. Das sehen wir auch am Leben unseres Herrn, der mit einer Geißel die Wechsler aus dem Tempel trieb. Wichtig dabei ist zu erkennen, dass Er nicht zornig war wegen irgendeines Unrechts, welches man Ihm persönlich angetan hatte, sondern weil Seines Vaters Haus entehrt worden war. »Er war ein Löwe, wo es um Gottes Sache ging, und ein Lamm, wo es um Seine Sache ging.«

Viele Märtyrer und Reformatoren waren wirklich zerbrochen, aber man würde wohl kaum behaupten, dass sie deswegen schwach und ohne Einfluss gewesen seien.

Der Generationskonflikt

Einer der schwierigsten Bereiche, in denen Zerbrochenheit praktiziert werden muss, scheint die Kind-Eltern Beziehung zu sein.

Durch irgendeine seltsame Wendung der gefallenen menschlichen Natur scheinen wir gerade diejenigen am wenigsten zu lieben, die uns am Nächsten stehen. Viele gläubige Mädchen fechten wegen der Feindseligkeiten, die sie ihrer Mutter gegenüber verspüren, einen ständigen Kampf mit sich aus. Und ebenso viele gläubige Jungen benehmen sich die meiste Zeit ihren Vätern gegenüber auch nicht gerade anständig.

Niemand bestreitet die Existenz einer Kluft zwischen den Generationen; in Wahrheit ist es aber ein riesiger Abgrund. Die Jüngeren beklagen sich, ihre Eltern verstünden sie nicht, unterdrückten sie, gingen nicht mit der Zeit und gehörten zum Establishment.

Aber trotz alledem fühlen viele Jugendliche Schuld und Beschämung darüber, dass sie scheinbar nicht über diese Verhaltensweisen hinauswachsen und sich ihren Familien gegenüber wie Christen verhalten können. Ihnen ist klar, dass es eine enorme Niederlage bedeutet, wenn sie mit Altersgenossen oder sogar mit anderen Erwachsenen so freundlich und annehmbar umgehen können und zu Hause doch so kalt und kurzangebunden sind. Sie hassen sich selbst, weil sie ihren Eltern oft den Tod gewünscht haben, aber zu zerbrechen und dies einzugestehen ist eine bittere Medizin. Als Gott dem Volk Israel zehn Grundgesetze gab, da war es kein Zufall, dass eines davon gerade dieses schwierige und heikle Gebiet innerhalb der mitmenschlichen Beziehungen berühren sollte.

> *Ehre deinen Vater und deine Mutter, auf dass deine Tage verlängert werden in dem Land, das der Herr, dein Gott, dir gibt.*

2. Mose 20,12

Paulus greift dieses Gebot im Neuen Testament wieder auf:

> *Ihr Kinder, gehorchet euren Eltern im Herrn, denn das ist Recht. Ehre deinen Vater und deine Mutter, welches das erste Gebot mit Verheißung ist, auf dass es dir wohlgehe und du lange lebest auf der Erde.*

Epheser 6,1-3

Die Eltern zu ehren und ihnen zu gehorchen heißt nicht nur, das zu tun, was sie sagen, sondern sie zu achten, liebenswürdig mit ihnen umzugehen und, wo es nötig wird, für sie zu sorgen. Paulus gibt dafür vier Gründe an:

- Es ist Recht
- es ist zum Besten der jungen Menschen
- es ist biblisch
- es bewirkt ein erfülltes Leben.

Aber viele Jungen und Mädchen sind fast völlig davon überzeugt, dass dies vielleicht in anderen Fällen, jedoch nicht bei ihnen möglich sei. *Ihre* Eltern seien zu herrschsüchtig, zu engstirnig.

Alles, was hier natürlich fehlt, ist Zerbrochenheit. Das bedeutet, zum Vater oder zur Mutter oder zu beiden zu gehen und zu sagen: »Hört mal, es tut mir leid, dass ich immer mit euch gestritten habe. Ich habe euch noch nie für all das gedankt, was ihr für mich getan habt, aber ich möchte das jetzt tun. Bitte verzeiht mir, dass ich immer Mauern des Widerstandes gegen euch aufgebaut habe. Mit Gottes Hilfe möchte ich, dass die Dinge in Zukunft anders werden.«

Ein zeitloses Beispiel dafür, wie der Generationskonflikt überwunden werden kann, ist die Geschichte vom verlorenen Sohn. Zuerst konnte es dieser undankbare Kerl nicht abwarten, bis sein Vater gestorben war; er wollte sein Erbteil gleich haben. Als er es dann bekam, ging er auf und davon und brachte es auf Mondscheinpartys, Zechgelagen und noch auf mancherlei andere Art durch. Doch schließlich war das Geld weg und die Freunde auch. Der Verschwender stand plötzlich völlig mittellos da und musste ums bloße Überleben kämpfen. Er begann an die Knechte des Vaters zu denken, denen es besser ging als ihm. Was für ein Narr war er doch gewesen! Er hatte sein Zuhause mit vollen Taschen verlassen, aber jetzt kam er mit leeren Händen heim. Er war, sein Recht fordernd, weggegangen, aber jetzt kam er um Gnade bittend zurück. Er war mit stolz erhobenem Haupt hinausgezogen, aber nun kam er gedemütigt heim.

»Vater«, sagt er, »ich habe gesündigt, gesündigt gegen Gott und gegen dich. Ich verdiene nicht, dein Sohn zu sein …« Eigentlich hatte er ja noch mehr sagen und um eine Arbeit als Knecht bitten wollen. Aber da war sein Vater schon dabei, Anweisungen zu geben. Und bald darauf war der Sohn neu eingekleidet, hatte einen prächtigen Ring am Finger und neue Schuhe an und ließ sich nieder zu einem üppigen Mahl mit Kalbsbraten und allem, was so dazugehört.

Die Kluft war durch Zerbrochenheit überbrückt worden. Doch der Sohn hätte den Kuss des Vaters nie gekannt, wenn er nicht zuallererst in Umkehr und Schuldbekenntnis zerbrochen worden wäre.

Nichts wird so sehr dazu beitragen, die feindselige

Haltung eines anderen zu ändern wie die Demütigung, eine derartige Bitte um Verzeihung aussprechen zu müssen. Wenn er das nächste Mal versucht war, sich den Eltern gegenüber lieblos zu verhalten, wird er sich schnell an die brennende Scham des Zerbrochenwerdens erinnert haben, und das diente als wirksame Abschreckung.

Der Ehekonflikt

Das vielleicht zweitschwierigste Gebiet, in dem Zerbrochenheit gezeigt werden muss, ist die Beziehung zwischen den beiden Ehepartnern. Wieder geht es darum, dass wir unfreundlich mit denen umgehen, die uns am nächsten stehen, während wir Menschen, die wir kaum kennen, voll Charme und Höflichkeit begegnen. Nur zu oft müssen wir bekennen, dass wir zu Hause Teufel und außer Haus Heilige sind.

Die Bibel nimmt ganz realistisch die Möglichkeit der Spannung in der Ehebeziehung vorweg. Besonders denken wir dabei an Kolosser 3,19:

> *Ihr Männer, liebet eure Frauen und seid nicht bitter gegen sie.*

Die Bitterkeit, die sich in einem Mann gegen seine Frau entwickeln kann, ist oft so tief, dass er verzweifelt und glaubt, niemals wieder aus dieser Bitterkeit herauszukommen. Zu oft gibt er einfach auf und sucht durch Trennung oder Scheidung Erleichterung.

Nehmen wir einmal den Fall von Peter und Petra. Als sie sich das erste Mal begegneten, wussten sie beide, dass sie füreinander bestimmt waren. In den folgenden Monaten waren sie bei jeder Gelegenheit zusammen. Nach sechs Monaten waren sie verlobt, und die Hochzeit wurde auf sechs Monate später festgesetzt. Aber wie die Dinge dann lagen, heirateten sie vier Monate nach ihrer Verlobung.

Die Hochzeit verlief dann ganz gut; jeder spielte seine Rolle in dem kleinen Spiel. Und im ersten Jahr ging auch noch alles ziemlich glatt. Eines Tages hatten sie einen heftigen Streit, und Petra machte ihrer ganzen unterdrückten Geringschätzung Peter gegenüber Luft, wegen dem, was vor ihrer Ehe geschehen war. Er zahlte es ihr dann mit gleicher Münze heim. Die Wände wackelten und die Fenster fielen fast aus dem Rahmen. Danach sah es so aus, als wäre ihre Ehe hoffnungslos am Ende. Peter erkannte, dass die Bitterkeit gegen seine Frau größer war als die Liebe, mit der er sie geliebt hatte (2. Sam. 13,15).

Freunde rieten ihnen dann zu einem christlichen Eheberater, den sie auch aufsuchten. Aber innerlich waren sie hart und unnachgiebig. Schließlich reichte Peter die Scheidung ein. Bevor der Fall vor Gericht kam, forderte ihn ein gläubiger Freund auf, den Weg der Zerbrochenheit zu versuchen. Und die Frau dieses Freundes ging zur selben Zeit mit derselben Botschaft zu Petra.

Warum sollten sie nicht vor dem Herrn und voreinander zerbrechen? Warum sollten sie die Vergangenheit nicht unter das Blut Christi stellen und ganz von vorne beginnen?

Das taten sie dann auch. Es war das Schwerste, was sie je getan hatten. Aber sie kamen zusammen und legten ein vollständiges Bekenntnis ab. Ohne Ausflüchte oder Selbstverteidigung. Es war ein so offenes Bekenntnis, wie man es sich nur wünschen kann. Jeder nahm die Verantwortung für seinen Anteil an der vorehelichen Sünde auf sich.

Nach einem tränenreichen Schuldbekenntnis vor dem Herrn, kamen sie überein, einander niemals wieder diese Sünde vorzuwerfen. Sie nahmen die Verheißung Gottes aus 1. Johannes 1,9 in Anspruch, dass ihnen vergeben sei. Froh vergaben sie einander alles. Und jeder entschied, er müsse sich auch selbst vergeben. Als sie sich von ihren Knien erhoben, war ihnen eine ganz große Last genommen. Sie erkannten, dass es wohl noch eine Zeit der Anpassung geben würde, aber die Atomwolke von Bitterkeit und Streit hatte sich aufgelöst. Sie erkannten die Notwendigkeit einer ständigen Zerbrochenheit, wenn neue Probleme zu Hause aufkommen würden.

Monate später legte Peter die Abendzeitung beiseite und meinte, wie seltsam es doch sei, dass da Leute Zeit und Geld für Eheberater, Psychiater und alle möglichen Arten von teurer »Behandlung« einsetzen würden, es aber nicht mit dem Weg der Zerbrochenheit versuchen wollten. Und doch sind diese anderen Dinge ohne Zerbrochenheit weitgehend nutzlos.

Gott will, dass wir alle zerbrechen

Doch der Herr möchte, dass wir nicht nur in der Eltern-Kind-Beziehung oder in der Ehe, sondern in allen Bereichen unseres Lebens zerbrechen. Er wird mit uns ringen, wie Er mit Jakob bei Pniel gerungen hat. Er wird versuchen, uns von unserem Stolz, unserer Selbstsucht und nachtragenden Haltung, von Dickköpfigkeit, Geschwätz, Verleumdung, Weltlichkeit, Unreinheit, launenhaftem Verhalten und jeder Auswirkung des Fleisches abzubringen. Er will unseren Namen von Jakob in Israel ändern, von Betrüger in Gotteskämpfer, Er will aus einem machtlosen Intriganten einen Menschen machen, der im Umgang mit Gott und Menschen Vollmacht hat. Er wird bis zum Morgengrauen mit uns ringen und unsere Hüfte anrühren. Dann hinken wir den Rest unseres Lebens – ein zerbrochener Mensch, den Gott gebrauchen kann.

Gott möchte, dass wir untadelig sind. Keiner von uns ist ohne Sünde, aber wir können alle untadelig sein. Ein untadeliger Mensch ist einer, der begangenes Unrecht sofort wieder in Ordnung bringt. Er lässt die Sonne nicht über seinem Zorn untergehen. Durch Schuldbekenntnis und die Bitte um Vergebung, hält er die Verbindung zu Gott und seinen

Mitmenschen aufrecht. Ein Ältester in der örtlichen Gemeinde muss untadelig sein (1. Tim. 3,2), doch auch jeder Christ sollte es sein.

Die Auswirkungen

Stell dir vor, was es in unserem persönlichen Leben, in der Familie, in der Ortsgemeinde und in der Geschäftswelt bedeuten würde, wenn wir alle so zerbrochen wären wie wir es sein sollten. Für unser eigenes Leben würde es größere Vollmacht, größeres Glück und bessere Gesundheit bedeuten. Die Menschen mit der größten geistlichen Wirkung auf andere sind solche, die mit Christus in Sanftmut und Demut zusammengejocht sind. Sie sind es auch, die Erfüllung und Ruhe im Dienst für Ihn finden. Was in geistlicher Hinsicht gut für uns ist, das ist auch gut für unser körperliches Wohlbefinden. Eine englische Fachzeitschrift für Medizin hat einmal die Feststellung gemacht, dass nicht ein einziges Gewebe des menschlichen Körpers gänzlich vom Geist getrennt sei. Ein bekannter Arzt berichtet von einer Patientin, die monatelang unter Blutarmut litt. Dann verschwand diese Anämie auf sonderbare Weise, und ihr Blut war wieder normal. Nachforschungen ergaben dann, dass sie eine geistliche Krise durchgemacht und schließlich einen schon lange bestehenden Groll begraben hatte. Ja, Zerbrochenheit ist gut für die Gesundheit.

Stellen wir uns ein Zuhause vor, wo die Familienmitglieder sich ständig austauschen. Natürlich gibt es von Zeit zu Zeit Meinungsverschiedenheiten, aber diese dürfen das Fass nie zum Überlaufen bringen. Die Familie hat die heilige Kunst der Wiedergutmachung gelernt. In solch einem Haus ist der Herr gern.

In der örtlichen Versammlung ist Zerbrochenheit der Weg zur Erweckung. Es ist ein stehendes Gebot im geistlichen Bereich, dass die Tränen der Zerbrochenheit das Vorspiel zu wahren Segensgüssen sind. Meist versuchen wir es ja zuerst mit allem anderen – mit neuen Räumlichkeiten, neuen Evangelisationsmethoden, aber Gott wartet auf Umkehr und Demut. Wenn wir Buße tun, dann fließen die Segensströme.

> *Und wenn mein Volk, welches nach meinem Namen genannt wird, sich demütigt, und wenn sie beten und umkehren von ihren bösen Wegen: so werde ich vom Himmel her hören und ihre Sünden vergeben und ihr Land heilen.*
>
> 2. Chronika 7,14

Und stellen wir uns den Einfluss vor, den die Christen durch eine nach außen sichtbar werdende Zerbrochenheit in der Geschäftswelt hätten. Die Menschen der Welt sind nicht zerbrochen und stellen ihre Macht ganz gern anderen gegenüber zur Schau, die genau so sind wie sie selbst. Aber sie geraten in Verlegenheit, wenn sie auf jemanden stoßen, der nicht mit Zorn reagiert, sondern der Unrecht zugibt und sich entschuldigt, der die Gnade des Herrn Jesus darstellt. Es ist diese übernatürliche Art von Leben, die im heutigen rauen Geschäftsleben am deutlichsten für Christus spricht.

Zerbrich mich, Herr

Vor einigen Jahren hörte ich auf einem Missionsgebetstreffen, wie ein ernster junger Mann betete: »Zerbrich mich, Herr!« Diese Bitte rüttelte mich auf. Bis zu dieser Zeit hatte ich in meinem Leben noch nie solch ein Gebet gesprochen. Ich war mir noch nicht einmal sicher, ob ich jetzt bereit war, es zu beten. Aber jene Worte, die sozusagen zischend heiß vom Herzen jenes jungen Nachfolgers Christi entwichen, brachten mir die überaus große Notwendigkeit der Zerbrochenheit für mein eigenes Leben zum Bewusstsein. Sie erweckten in mir die Erkenntnis, dass dies ein wunderbar lebensspendendes Prinzip im geistlichen Leben war. Heute sind diese Worte zum beständigen Gebet meines sehnsüchtig verlangenden Herzens geworden: Zerbrich mich, Herr!

Wie ein Mensch denkt

Die Kontrolle über das Gedankenleben ist eine der wichtigsten Disziplinen, der sich ein Christ stellen muss. Die Art und Weise, in der er seinen Verstand gebraucht, wird unweigerlich die Ausrichtung seines Lebens und die Neigung seines Charakters bestimmen. Biblisches Denken wird positive Ergebnisse bewirken. Ein unreines Denken *wird* unweigerlich zu einem liederlichen Benehmen führen.

Deshalb sagt die Bibel: »So wie ein Mensch in seinem Herzen denkt, so ist er.« Oder wie es Alfred P. Gibbs mit *dem* für ihn typischen Nachdruck zu sagen pflegte: »Du bist nicht der, der du zu sein glaubst. Aber das, was du denkst, das bist du!« Was das Denken eines Menschen erfüllt, gibt Aufschluss über seinen Charakter.

Salomo, der weiseste aller Menschen, sagte: »Behüte dein Herz mehr als alles, was zu bewahren ist; denn von ihm aus sind die Ausgänge des Lebens« (Spr. 4,23). Obwohl das Herz hier mehr betont wird als das Denken, bleibt der Vers noch immer sehr sinnvoll, wenn man »Herz« durch »Denken« ersetzt: »Behüte dein Denken mehr als alles, was zu bewahren ist; denn von ihm aus sind die Ausgänge des

Lebens.« Das Denken ist die Quelle, aus der viele unserer Verhaltensweisen entspringen. Wenn wir die Quelle kontrollieren, können wir auch den daraus hervorquellenden Strom kontrollieren.

Es ist nicht ohne Bedeutung, dass eines der Zehn Gebote vom Gedankenleben handelt:

> *Du sollst nicht begehren deines Nächsten Haus; du sollst nicht begehren deines Nächsten Weib, noch seinen Knecht, noch seine Magd, noch sein Rind, noch seinen Esel, noch alles, was dein Nächster hat.*
>
> 2. Mose 20,17

Das Begehren ist eine Tätigkeit des Denkens. Es ist das Verlangen, etwas zu besitzen, das dem Willen Gottes entgegen ist. Gott sagt: »Du sollst nicht begehren.«

Dieses Gebot brachte auch die Sündenerkenntnis ins Herz des Saulus von Tarsus. Er war immer stolz auf sich gewesen, weil er ein äußerlich anständiges Leben führte. Er hatte noch nie eine »größere« Sünde begangen. Aber als ihm die Bedeutung des zehnten Gebotes aufging, erkannte er, dass böse Gedanken genauso Sünde sind wie böse Taten. Als er sein Gedankenleben überdachte, wurde er in tiefe Sündenerkenntnis geführt.

> *Aber die Sünde hätte ich nicht erkannt, als nur durch*

Gesetz. Denn auch von der Lust hätte ich nichts gewusst, wenn nicht das Gesetz gesagt hätte: Lass dich nicht gelüsten. Die Sünde aber, durch das Gebot Anlass nehmend, bewirkte jede Lust in mir; denn ohne Gesetz ist die Sünde tot. Ich aber lebte einst ohne Gesetz; als aber das Gebot kam, lebte die Sünde auf; ich aber starb. Und das Gebot, das zum Leben gegeben, dasselbe erwies sich mir zum Tode. Denn die Sünde, durch das Gebot Anlass nehmend, täuschte mich und tötete mich durch dasselbe.

Römer 7,7-11

Jakobus bietet einen tiefen Einblick in die Psychologie der Sünde, wenn er sagt:

Niemand sage, wenn er versucht wird: Ich werde von Gott versucht; denn Gott kann nicht versucht werden vom Bösen, und selbst versucht er niemand. Ein jeder aber wird versucht, wenn er von seiner eigenen Lust fortgezogen und gelockt wird. Danach, wenn die Lust empfangen hat, gebiert sie die Sünde; die Sünde aber, wenn sie vollendet ist, gebiert den Tod.

Jakobus 1,13-15

Hier wird die Sünde mit dem Kreislauf des menschlichen Lebens verglichen. Zuerst findet die Empfängnis statt. Dann wird das Kind geboren. Danach wächst es zur vollen Reife heran. Dann kommt der Tod. Genau so ist es mit der Sünde.

Zuerst wird sie im Denken des Menschen empfangen. Dann wird die Tat begangen; sie wird zur Gewohnheit und führt schließlich zum Tod. Wenn dieser Vers es auch nicht ausdrücklich sagt, so beinhaltet er doch, dass, wenn wir nur lange genug über eine bestimmte Sünde phantasieren, wir sie früher oder später auch begehen werden. Ein altes englisches Sprichwort sagt:

Säe einen Gedanken,
und du wirst eine Tat ernten.
Säe eine Tat,
und du wirst eine Gewohnheit ernten.
Säe eine Gewohnheit,
und du wirst einen Charakter ernten.
Säe einen Charakter,
und du wirst ein Schicksal ernten.

Der Herr Jesus legte in Seinen Lehren auch einen ganz besonderen Nachdruck auf die Bedeutung des Gedankenlebens. Eines Tages rief Er eine Gruppe von Juden zu sich, um ihnen klar zu machen, worum es Ihm ging. Diese Menschen betrieben in Äußerlichkeiten Haarspaltereien, vernachlässigten aber innere Dinge weitgehend. Unter dem Mosaischen Gesetz hatte man sie gelehrt, dass sie verunreinigt würden, wenn sie solche Nahrung wie Schweinefleisch, Hasenfleisch, Garnelen, Krabben etc. zu sich nähmen. Und tatsächlich machte solche Nahrung einen Menschen offiziell unrein unter der Gültigkeit des Gesetzes. Nun aber hat Jesus das Ende dieser Verordnung verkündet, indem Er sagte, dass Nahrung nicht mehr verunreinigt, dafür aber böse Gedanken weiterhin.

Und als er die Volksmenge wieder herbeigerufen hatte, sprach er zu ihnen: Hört mich alle und versteht! Da ist nichts, was von außerhalb des Menschen in ihn hineingeht, das ihn verunreinigen kann, sondern was aus dem Menschen herausgeht, das ist es, was den Menschen verunreinigt. Und als er von der Volksmenge weg in ein Haus eintrat, befragten ihn seine Jünger über das Gleichnis. Und er spricht zu ihnen: Seid auch ihr so unverständig? Begreift ihr nicht, dass alles, was von außen in den Menschen hineingeht, ihn nicht verunreinigen kann? Denn es geht nicht in sein Herz hinein, sondern in den Bauch, und es geht heraus in den Abort. Damit erklärte er alle Speisen für rein. Er sagte aber: Was aus dem Menschen herauskommt, das verunreinigt den Menschen. Denn von innen aus dem Herzen der Menschen kommen die bösen Gedanken hervor: Unzucht, Dieberei, Mord, Ehebruch, Habsucht, Bosheit, Arglist, Ausschweifung, Neid, Lästerung, Hochmut, Torheit; alle diese bösen Dinge kommen von innen heraus und verunreinigen den Menschen.

Markus 7,14-23

Wir hören oft, dass Menschen sündige Gedanken mit frommen Erklärungen entschuldigen, wie: »Wir können nicht verhindern, dass sich Vögel auf unserem Kopf niederlassen, aber wir können sie daran hindern, dort ihr Nest zu bauen.« Dies soll dann bedeuten, dass lustvolle Versuchungen, die uneingeladen in unser Denken kommen, nicht Sünde sind; die Sünde liege darin, diese Versuchungen hereinzulassen und ihnen stattzugeben. Aber dann erhebt sich die Frage: »Wenn sie nicht Sünde sind, sind sie dann rein und heilig?« Die offenkundige Antwort darauf ist, dass uns jeder böse, lustvolle Gedanke, sei er nun bewusst hereingelassen oder nicht, verunreinigt und deshalb gerichtet und durch das Blut Christi gereinigt werden muss. Es ist unmöglich, in dieser Welt zu leben, ohne dabei ständig durch anregende Reklame, geschmacklose Gespräche und andere unerwünschte Beschmutzungen des Denkens verunreinigt zu werden. Aber das Heilmittel besteht nun darin, den Gedanken sofort als unrein zu erkennen und ihn auch sogleich als nicht erwünscht abzulehnen und aus dem Denken zu verbannen.

Ferner betont Jesus in der Bergpredigt, wie ernst böse Gedanken zu nehmen sind:

> *Ihr habt gehört, dass zu den Alten gesagt ist: Du sollst nicht töten; wer aber töten wird, der wird dem Gericht verfallen sein. Ich aber sage euch, dass jeder, der seinem Bruder zürnt, dem Gericht verfallen sein wird; wer aber zu seinem Bruder sagt: Raka! dem Hohen Rat verfallen sein wird; wer aber sagt: Du Narr! der Hölle des Feuers verfallen sein wird. Ihr habt gehört, dass gesagt ist: Du sollst nicht ehebrechen. Ich aber sage euch, dass jeder,*

der eine Frau ansieht, sie zu begehren, schon Ehebruch mit ihr begangen hat in seinem Herzen.

Matthäus 5,21.22.27.28

Das Gesetz sagte: »Du sollst nicht töten«, aber Jesus sagt: »Du sollst nicht an Töten denken.« Warum? Wenn du nicht an Töten denkst, wirst du es auch niemals tun. Das Gesetz sagte: »Du sollst nicht ehebrechen«, aber Jesus sagt: »Du sollst eine Frau nicht ansehen um sie zu begehren.« Weshalb sagt er das? Weil die Tat zuerst im Denken geplant wird. Wenn wir die Lust in unserem Denken töten, brauchen wir nie wegen der Tat Buße zu tun.

Der Apostel Johannes legt in seinem ersten Brief dieselben Prinzipien dar:

Jeder, der seinen Bruder hasst, ist ein Menschenmörder, und ihr wisst, dass kein Menschenmörder ewiges Leben bleibend in sich hat.

1. Johannes 3,15

Wenn uns die Behauptung, Hass sei Mord, zu extrem erscheint, dann sollten wir daran denken, dass die beiden eng als Wunsch und Wunscherfüllung, Ursache und Auswirkung zusammenhängen. Hass ist Mord im Embryonalstadium. Wo es keine Bosheit oder leidenschaftlichen Zorn gibt, da gibt es auch keinen Mord.

Das menschliche Gehirn ist unbeschreiblich geheimnisvoll und unaussprechlich wunderbar. Es ist dem Hauptquartier einer Armee vergleichbar, von dem alle Befehle ausgehen. Das Gehirn befiehlt der Hand, den Stift zu nehmen und zu schreiben. Es bestimmt, was geschrieben wird. Es ist ein ausgedehntes Kommunikationssystem, das einen stetig fließenden Gedankenstrom aussendet. Doch wie spielt sich das alles ab? Und was ist ein Gedanke?

Man hat einmal behauptet, ein Computer, der die Tätigkeit des menschlichen Gehirns exakt nachvollziehen sollte, müsste so groß sein wie das Empire State Building – und selbst dann wäre er dem Verstand noch immer nicht ganz gewachsen.

Die meisten von uns nehmen das Denken als selbstverständlich hin. Aber die Bibel belehrt uns klar darüber, da es eine geistige Fähigkeit ist, die Gott uns anvertraut bat und für die er uns zur Verantwortung zieht. Jeder von uns ist wie ein König, der über ein großes und verzweigtes Königreich herrscht – das Königreich des Denkens. Und jeder von uns ist für das verantwortlich, was er denkt und wie er denkt. Wir können das Denken zum Guten oder zum Bösen, zu werten oder unwerten Zwecken gebrauchen. Wir können das, was wir denken, kontrollieren.

Ich denke da an die Fähigkeit des Verstandes zum Guten. Ich stelle mir zum Beispiel Händel vor, wie er sich hinsetzt und das wunderbare Oratorium »Der Messias« komponiert.

Ich denke an Isaac Watts großen Hymnus »When I Survey The Wondrous Cross«. Er weihte sein Denken dem Herrn, und dieses Lied war nur einer seiner Beiträge an die christliche Welt. Aber ich sage mir: »Nur einen solchen Hymnus schreiben zu dürfen, wäre es wert gewesen, ein ganzes Leben zu leben.«

Ich denke an die disziplinierte Gedankenwelt Miltons, die nicht enden wollenden Stunden gewissenhaftester Arbeit, und dann das vollendete Meisterwerk »Paradise Lost«. Wie sehr wurde doch die Literatur durch diese Seiten bereichert.

Oder Michelangelo mit seinen Bildern und Statuen. Die Komposition und künstlerische Schönheit seiner Bettlerbeschreibung. Er hatte einen Sinn für das Universum, und zu unserem Glück wurden seine Gedanken in Farbe und Marmor festgehalten.

Und dann denke ich an Charles Haddon Spurgeon, den Fürsten aller Prediger. Ich denke an das, was A. T. Pierson über ihn sagte: »Er hat aus dem Denken, das er hatte, und aus allen Chancen, die Gott ihm bot, das meiste gemacht.« Und das glaube ich auch, wenn ich seine Predigten lese oder den Bericht seines fruchtbaren Lebens überdenke.

Doch ich denke auch an die Fähigkeiten des Denkens zum Bösen. An die herzlosen Tyrannen mit ihren Folterzellen, Konzentrationslagern, Gaskammern und Öfen. An die Brutalität, die Millionen unschuldiger Menschenleben forderte.

Ich denke an Menschen, die ihre Gaben dazu benutzten, den Glauben anderer zu zerstören – Männer wie Voltaire, Tom Paine oder Ingersoll. Gott hatte sie mit einem scharfen Verstand beschenkt, doch sie gaben diese Fähigkeit zur Verbreitung von Agnostizismus und Ungläubigkeit her.

Oder ich denke an Menschen aus unserer Zeit, die Pornografie entwerfen, veröffentlichen oder drucken. Was für eine Art, das Denken zu benutzen! Sie gehen mit Schund hausieren, sie vergiften das moralische Umfeld und fördern Unreinheit und Perversion.

Wir sollten auch einmal das ausgedehnte Potenzial eines jeden Denkens zum Bösen beachten. Keiner von uns würde gern auch nur eine Stunde lang in der Öffentlichkeit mit einem Schild herumlaufen, auf dem derböseste Gedanke steht, den wir in dieser Woche gedacht haben. Wir wissen alle, wie uns das Denken dunkle Straßen der Sünde entlang führen kann, wohin kein menschlicher Blick zu folgen vermag.

Unser Verstand kann sich alle Arten von angenehmen Situationen ausdenken, in denen wir selbst die

Hauptakteure sind und an verbotenen Beziehungen teilnehmen. Würden wir einen Freund dabei ertappen, dass er etwas Derartiges tut, so würden wir ihn in gerechter Entrüstung verurteilen. Aber wenn wir allein und vielleicht im Dunkeln sind, dann können wir gedanklich in dasselbe unzüchtige und unmoralische Verhalten einwilligen und doch nicht dieselbe Abscheu empfinden. Ungehindert durch natürliche Grenzen in Zeit und Raum kann uns unser Denken jederzeit an einen beliebigen Ort bringen, wo wir mit irgendeinem Menschen oder mit Menschen unserer Wahl zusammen sind und tun, was das Herz begehrt. Es ist geradezu erschreckend, sich all die Möglichkeiten des Bösen im Leben eines Gläubigen auszumalen. Wird diesen Möglichkeiten gewohnheitsmäßig nachgegeben, dann kann das Ergebnis auch nur verheerend sein.

Es gibt heutzutage so viele Menschen, die unter der Bürde einer Gewohnheitssünde stöhnen. Sie behaupten, sie wollten Befreiung, aber sie sind nicht bereit, ihre Gedankenwelt zu disziplinieren.

Kürzlich setzte sich ein Christ im Flugzeug neben einen jungen Soldaten. Nachdem sie sich gegrüßt hatten, gab der Soldat dem Christ eine Zeitschrift. Sobald dieser sah, dass es Schund war, gab er sie dem Soldaten zurück und bot ihm eine kleine rotgebundene Bibel an. Darauf folgte eine Zeit des Schweigens. Dann fragte der Soldat: »Wollen Sie mir helfen?« Er rückte dann mit einer grausigen Geschichte von Sünde und Schmutz heraus und bat um Hilfe. Er wollte Befreiung von sexueller Sünde, aber er nährte sich weiter von pornografischen Zeitschriften.

Der springende Punkt ist also der: Die Axt muss den Baum an der Wurzel erfassen. Es muss die Bereitschaft vorliegen, ganz entschieden mit dem Gedankenleben umzugehen.

Für den Menschen, der noch nicht errettet ist, bedeutet dies, dass er zuerst bekehrt werden muss: Durch den Glauben an den Herrn Jesus muss er wiedergeboren werden. Nur dann wird er die Vollmacht des innewohnenden Heiligen Geistes empfangen, um ganz entschlossen gegen unreine Gedanken vorgehen zu können.

Für den Christen sind hier mehrere Schritte angezeigt: Zuerst sollte er die ganze Angelegenheit im Gebet vor den Herrn bringen. Die Worte Davids bilden für jeden von uns eine geeignete Bitte: »Schaffe mir, Gott, ein reines Herz, und erneuere in meinem Inneren einen festen Geist« (Ps. 51,12). Diese Worte bilden einen Teil von Davids Schuldbekenntnis nach seiner zweifachen Sünde des Ehebruchs und Mordes. Mir scheint, sie enthalten ein stillschweigendes Eingeständnis, dass seine Sünden in einem nicht kontrollierten Gedankenleben begannen.

Sodann sollte jeder Gedanke, der in unser Denken

hineinkommt, in der Gegenwart Christi beurteilt werden. Der wirkliche Test für Gedanken wie für Handlungen zeigt sich darin, wie sie in Seiner Gegenwart erscheinen. Dies wird in 2. Korinther 10,5 angesprochen:

> *Indem wir Vernunftschlüsse zerstören und jede Höhe, die sich erhebt wider die Erkenntnis Gottes, und jeden Gedanken gefangen nehmen unter den Gehorsam des Christus.*

Wir sollten jeden Gedanken als gefangenen Sklaven sofort Christus zur Beurteilung bringen. Dann sollten wir jeden Gedanken, der nicht Seine Zustimmung findet, als Sünde und Verunreinigung bekennen. Wo auch immer wir sind, sei es auf der Straße oder im Auto, wir sollten diese herumstreunenden bösen Gedanken bekennen und sagen: »Herr, das ist Sünde. Mein Denken wurde verunreinigt. Vergib mir und reinige mich.«

Und wir müssen natürlich diese Gedanken aus unserem Denken verbannen. Die Verheißung der Gnade gilt nicht denen, die ihre Sünde bekennen, sondern denen, die sie bekennen und lassen.

> *Wer seine Übertretungen verbirgt, wird kein Gelingen haben; wer sie aber bekennt und lässt, wird Barmherzigkeit erlangen.*

Sprüche 28,13

In der Praxis heißt das, dass wir es lernen müssen, 10 000 Mal in der Woche ›NEIN‹ zu sagen. Jedesmal, wenn wir in die Versuchung kommen, Böses zu denken, müssen wir sagen: »Nein, diesen Gedanken will ich nicht weiterdenken. Ich lehne ihn ab und verbanne ihn im Namen des Herrn Jesus.«

Dann müssen wir es lernen, biblisch zu denken. Paulus schreibt für uns darüber in Philipper 4,8.

> *Übrigens, Brüder, alles was wahr, alles was würdig, alles was gerecht, alles was rein, alles was lieblich ist, alles was wohllautet, wenn es irgendeine Tugend und wenn es irgendein Lob gibt, dieses erwäget.*

Die Sache ist die, dass wir nicht diese Dinge erwägen und gleichzeitig Sündiges denken können. Wenn Christus und Seine Reinheit mein Denken füllt, dann müssen Sünde und Korruption weichen. Einige nennen das »die austreibende Kraft einer neuen Liebe«. Wir mögen es nennen wie wir wollen, nur sollten wir es unter allen Umständen tun! Je mehr wir uns mit Christus beschäftigen, desto mehr werden wir in Sein Bild verwandelt (2. Kor. 3,18).

Der gesunde Menschenverstand lehrt uns, dass wir – wenn wir in unserem Gedankenleben Sieg haben wollen – Disziplin üben müssen in dem, was wir lesen, was wir sehen, und auch darüber wachen müssen, mit wem wir engeren Umgang haben. Anrüchige Bücher und Zeitschriften, Hollywoodfilme und die 0815-Fernsehsendungen halten sofortige Verunreinigung bereit. Dann gibt es auch materielle Dinge, die im Leben eines Menschen Lust wecken. Ein guter »Scheiterhaufen« wird dem beträchtlich abhelfen.

Und schließlich sollten wir immer für den Herrn tätig sein. Die Zeiten größter Gefahr sind die müßigen Momente, wo der Körper wohlgenährt und gut ausgeruht ist. In einem Leben, das unermüdlich ist im Dienst für Christus, liegt bereits ein sehr großer Schutz und eine große Bewahrung. Der Mensch, der es gelernt hat, die Zeit auszukaufen, hat weniger Kämpfe mit Zufallsgedanken, die Einlass suchen. Vielleicht ist Letzteres in Sprüche 16,3 angesprochen.

> *Befiehl dem Herrn deine Wege, und deine Gedanken werden zustande kommen.*

Dies ist der Weg, wie wir in allem Eifer unser Denken bewahren können.

CLV

CLV-Clasic

William MacDonald

Nimm mein Leben

224 Seiten
ISBN 3-89397-391-5

Was würde geschehen, wenn Gläubige Jesus Christus als Gekreuzigten betrachten und über Ihn und Sein Werk tiefer nachdenken würden? Überwältigt von dem Ausmaß und der Größe ihrer Errettung würden sie nicht anders können, als zu Anbetern zu werden. Sie würden niemals mehr aufhören, die wunderbare Gnade Jesu zu bestaunen und könnten ihren Mitmenschen gegenüber davon nicht schweigen. Weltliche Wünsche würden ihre Faszination verlieren und sie würden sich rückhaltslos dem Herrn und seinem Dienst hingeben – die Welt würde evangelisiert werden. Utopische Wunschträume?

Dieses Buch zeigt, dass der Kreuzestod Christi auf Golgatha uns nicht so beeindruckt, wie er sollte, aber es hilft auch zu einer konsequenteren Hingabe.